Para

com votos de paz

Divaldo Franco
Pelo Espírito Joanna de Ângelis

SERENAMENTE EM PAZ

Organizado por
Ana Maria Spränger Luiz

Salvador
3. ed. – 2019

©(1999) Centro Espírita Caminho da Redenção
3. ed. (1ª reimpressão) – 2019
500 exemplares (milheiros: 11.000)

Revisão: Manoelita Rocha
Editoração eletrônica: Ailton Bosco
Capa: Cláudio Urpia
Coordenação editorial: Lívia Maria Costa Sousa
Produção gráfica:

LIVRARIA ESPÍRITA ALVORADA EDITORA
Telefone: (71) 3409-8312/13 – Salvador – BA
E-mail: <leal@mansaodocaminho.com.br>
Homepage: www.mansaodocaminho.com.br

Dados Internacionais de Catalogação na Publicação (CIP)
(Catalogação na Fonte)
Biblioteca Joanna de Ângelis

FRANCO, Divaldo Pereira.
F825 *Serenamente em paz.* 3. ed. / Pelo Espírito Joanna de Ângelis [psicografado por] Divaldo Pereira Franco [organizado por] Ana Maria Spränger Luiz. Salvador: LEAL, 2019.
48 p.
ISBN: 978-85-8266-206-9
1. Espiritismo 2. Psicografia I. Franco, Divaldo II. Título

CDD:133.93

DIREITOS RESERVADOS: todos os direitos de reprodução, cópia, comunicação ao público e exploração econômica desta obra estão reservados, única e exclusivamente, para o Centro Espírita Caminho da Redenção. Proibida a sua reprodução parcial ou total, por qualquer forma, meio ou processo, sem a expressa autorização, nos termos da Lei 9.610/98.

Serenamente em Paz

"Tais quais
pedaços de conselhos...
Assim, em tranquilidade e
confiando em paz,
converte-se o amor
na mais valiosa
conquista da vida."

Ana Maria Spränger Luiz

Dedico este livro à Ana Alves Franco

Jamais te irrites.

(Vida feliz — cap. 4)

Divaldo Franco / Joanna de Ângelis

O que te está reservado, aprende a repartir.

(Vida feliz — cap. 5)

A paciência te auxiliará a tudo vencer.

(Vida feliz — cap. 4)

Serenamente em Paz

Não ambiciones demasiadamente.

(Vida feliz — cap. 7)

Divaldo Franco / Joanna de Ângelis

Evita arriscar-te e arruinar outras pessoas.

(Vida feliz — cap. 6)

Tem calma sempre.

(Vida feliz — cap. 18)

Serenamente em Paz

O ofensor é sempre o mais infeliz.

(Vida feliz — cap. 12)

Divaldo Franco / Joanna de Ângelis

**Medita sobre a necessidade
de ser solidário.**

(Momentos de felicidade — cap. 18)

**Mantém o teu controle emocional em
todas as situações.**

(Vida feliz — cap. 9)

Serenamente em Paz

Quando a amizade escasseia na vida,
o homem periga em si mesmo.

(Vida feliz — cap. 11)

Esclarece com calma e argumenta
serenamente.

(Vida feliz — cap. 23)

Divaldo Franco / Joanna de Ângelis

Cada tarefa deve ser exercida no seu respectivo momento.

(Vida feliz — cap. 10)

És o que vives interiormente, e não aquilo de que te acusam.

(Vida feliz — cap. 15)

Serenamente em Paz

Acalma os anseios de
mudanças constantes.

(Vida feliz — cap. 26)

Divaldo Franco / Joanna de Ângelis

O que faças com os outros sempre
retornará a ti.

(Vida feliz — cap. 37)

Sábio é aquele que, no erro, aprende a agir
com correção.

(Vida feliz — cap. 19)

Serenamente em Paz

Há muita aflição esperando socorro e compreensão.

(Vida feliz — cap. 35)

Divaldo Franco / Joanna de Ângelis

Felizes aqueles que hoje cedem para amanhã receber.

(Receitas de paz — cap. 8)

Tem a coragem de reconhecer que erras, que te comprometes, não te voltando contra os outros como efeito normal do teu insucesso.

(Momentos de felicidade — cap. 19)

Serenamente em Paz

Uma ofensa silenciada, uma agressão desculpada, um golpe desviado evitam conflitos que ardem em chamas de ódio.

(Vida feliz — cap. 31)

As janelas da alma são espaços felizes para que se espraie a luz e se realize a comunhão com o bem.

(Momentos de felicidade — cap. 12)

Divaldo Franco / Joanna de Ângelis

A estrada de passagem difícil é fruto do esquecimento a que foi relegada por quem a percorreu.

(Receitas de paz — cap. 8)

Entre contendores, a razão é sempre de quem não se envolve em discussões infrutíferas.

(Vida feliz — cap. 23)

Serenamente em Paz

Sê um momento de esperança para quem te busque, ou uma oportunidade de renovação para quem te perturbe ou desafie, mantendo-te em paz contigo mesmo em qualquer situação.

(Momentos de coragem — cap. 8)

Divaldo Franco / Joanna de Ângelis

Sejam tuas a opinião que edifica e a palavra que ajuda sempre.

(Vida feliz — cap. 25)

(...) Não te arvores a julgamento algum com desconhecimento da causa real.

(Momentos de coragem — cap. 8)

Serenamente em Paz

O problema de cada um
a cada qual pertence.

(Momentos de coragem – cap. 8)

Divaldo Franco / Joanna de Ângelis

Desarma a emoção, a fim de agires com imparcialidade.

(Momentos de felicidade — cap. 19)

A revolta intoxica e expele venenos que a todos desagradam.

(Vida feliz — cap. 18)

Se não te aceitam integralmente,
tem calma e prossegue.

(Receitas de paz — cap. 16)

Usa a verdade com o objetivo de ajudar,
jamais como uma arma de agressão
ou revide.

(Vida feliz — cap. 38)

Divaldo Franco / Joanna de Ângelis

Começa agora o novo processo da tua vida.

(Momentos de saúde — cap. 4)

Empenha-te ao máximo para tornar tua vida agradável a ti mesmo e aos outros.

(Momentos de saúde — cap. 1)

Serenamente em Paz

Nunca duvides da Paternidade Celeste.

(Vida feliz — cap. 13)

Divaldo Franco / Joanna de Ângelis

O teu corpo é conquista que alcançaste
diante das Soberanas Leis da Vida.

(Momentos de coragem — cap. 13)

Quem cultiva doença sempre padece
de problemas dessa natureza.

(Vida feliz — cap. 17)

Serenamente em Paz

A velhice é fase inexorável que alcançarás,
caso a morte não te arrebate
o corpo antes.

(Vida feliz — cap. 29)

Divaldo Franco / Joanna de Ângelis

Repousa, pois, o tempo suficiente,
e não em demasia.

(Vida feliz — cap. 24)

É fácil desistir, enquanto perseverar é
desafio que merece aceitação.

(Receitas de paz — cap. 13)

Serenamente em Paz

Ninguém tomba por querer.

(Vida feliz – cap. 19)

Divaldo Franco / Joanna de Ângelis

Poder ceder, quando é fácil disputar.

(Receitas de paz — cap. 8)

A senda áspera, marcada pelo pantanal de
agora, não é outra, senão aquela
que ficou ao abandono.

(Receitas de paz — cap. 8)

Serenamente em Paz

A dificuldade de agora é o efeito da
insensatez do passado.

(Momentos de saúde — cap. 2)

Divaldo Franco / Joanna de Ângelis

Tenta ser, por fora, conforme evoluis por dentro, sendo a pessoa gentil, mas nobre, fulgurante e abnegada, afável, todavia leal.

(Momentos de coragem — cap. 6)

Supera as insinuações ciumentas na tua conduta, amando com tranquilidade e confiando em paz.

(Vida feliz — cap. 22)

Serenamente em Paz

(...) Em paz contigo mesmo
em qualquer situação.

(Momentos de coragem — cap. 8)

Divaldo Franco / Joanna de Ângelis

A paz merece todo o teu esforço para consegui-la.

(Vida feliz — cap. 8)

Quem renuncia estabelece para o próximo a diretriz do futuro em clima de paz.

(Receitas de paz — cap. 8)

Serenamente em Paz

Quem renuncia enfloresce a alma de paz.

(Receitas de paz — cap. 8)

Divaldo Franco / Joanna de Ângelis

Onde te encontres, estimula a paz
e vive em paz.

(Vida feliz — cap. 31)

Nunca enganes ninguém.

(Vida feliz — cap. 37)

Serenamente em Paz

Torna-te tolerante, embora sem conivir.

(Momentos de coragem — cap. 8)

Divaldo Franco / Joanna de Ângelis

Sê grato em todas as situações.

(Vida feliz — cap. 33)

Difunde a esperança
em melhores dias.

(Vida feliz — cap. 32)

Serenamente em Paz

Torna-te grande nas pequeninas coisas,
a fim de que não te apequenes
nas grandiosas.

(Vida feliz – cap. 14)

Divaldo Franco / Joanna de Ângelis

Quem sempre está de mudança não
amadurece, nem realiza bem coisa alguma.

(Vida feliz — cap. 26)

Esclarece com calma e argumenta
serenamente.

(Vida feliz — cap. 23)

Serenamente em Paz

Em tua origem, és luz avançando
para a Grande Luz.

(Momentos de consciência — cap. II)

Divaldo Franco / Joanna de Ângelis

Podes e deves ser feliz. Esta é a
tua liberdade de escolha.

(Momentos de saúde — cap. 2)

O amor é o teu caminho,
porque procede de Deus, que te criou.

(Momentos de consciência — cap. 11)

Serenamente em Paz

Ama, portanto, sem escravizar aquele a quem te devotas, não te deixando escravizar também.

(Vida feliz — cap. 21)

Divaldo Franco / Joanna de Ângelis

A prece é medicamento eficaz para todas as doenças da alma.

(Vida feliz — cap. 9)

A existência terrena é toda uma oportunidade para enriquecimento contínuo.

(Momentos de consciência — cap. 6)

Serenamente em Paz

És senhor do teu destino, e ele tem para ti,
como ponto de encontro, o infinito.

(Momentos de saúde — cap. 2)

Este livro foi impresso na
LIS GRÁFICA E EDITORA LTDA.
Rua Felício Antônio Alves, 370 – Bonsucesso
CEP 07175-450 – Guarulhos – SP
Fone: (11) 3382-0777 – Fax: (11) 3382-0778
lisgrafica@lisgrafica.com.br – www.lisgrafica.com.br